REPLIQVE
A LA RESPONSE
DE L'APOLOGIE
DV PRINCE DE
Monsieur de Balzac.

M. DC. XXXII.

REPLIQVE A LA Responce de l'Apologie du Prince de Monsieur de Balzac.

I'Estois triste d'vne nouuelle que i'auois receuë, & manquois de diuertissement ou de consolation pour me resoudre & me faire quitter la melancholie que la mort d'vn de mes amis m'auoit causee. Ie ne pensois plus qu'en des objets de mort, & en des choses funebres. Et bien que ie fusse au temps de la resiouyssance publique, & ou chacun semble auoir la liberté de viure bien ou mal, selon l'inclination de son Genie & le cours de la nature. Ie m'imaginois neantmoins estre en cette triste saison où l'Eglise pleure, où l'esprit des hommes par vne habitude de longue main contractée tasche à renoueler la memoire de la diuinité morte, & à payer à son sang le respect & la reuerance qui luy sont deuës. Ie ne pensois plus qu'à lire l'Histoire funeste de la passion, & la trahison des Iuifs. Les pensees de S. Bonauenture, & les Meditations de S. Bruno estoient mes plus chers entretiens. Ie resuois pieusement dans mon inquietude, & satisfaisois mon imagination qui s'estoit laissee saisir à la tristesse de cet accident par la passion de mon Maistre, & par la consideration que i'auois que la prouidence ne s'estoit point trompee, & qu'elle auroit eu soin de rẽdre le centuple à l'innocẽce que ce mien amy auoit toujours témoigné de cõseruer inuiolable. I'auois cõmencé à resuer dés le matin, & la nuict m'auoit surpris en vne meditation si sage & importante. Tout à coup i'entr'ouys du bruit, & vne grande lueur de flambeaux qui passoit au trauers de ma porte, que i'auois laissee ouuerte, me fit iuger quelque chose de la faueur de quelques vns de mes amis, qui me viendroiẽt peut-estre visiter, quoi qu'à l'heure induë. Ie me preparois à les receuoir, & à peine auois-ie mis mon rabat, sans lequel i'auois esté toute la iournee, que mon cher Damon (ce mien amy sera pour ce coup baptisé de ce nom) entre dans ma chambre & se prit à rire ; i'estois pour lors en vne humeur toute contraire, & bien que ie tasche à m'accommoder à l'inclination de mes amis, & à leur humeur lors qu'ils me visitent, ce qui est la finesse des compliments & la subtilité des rencontres, il me restoit neantmoins tousiours quelques sombres nuages de la fascherie que i'auois euë vn peu auparauant. Il me coniure de luy exposer le sujet de mes plaintes, & qu'il auoit dessein de porter vne partie de ma peine. Ie m'estois excusé assez humblement & ne voulois pas troubler le repos de son esprit, que ie voyois estre sans troubles & sans inquietudes : Toutesfois il me contraint à luy expliquer, & m'ayant donné des consolations, que ie ne pouuois receuoir d'aucun autre, il m'offre vn petit liure dont vn de ses amis luy auoit fait part, plustost pour la nouueauté du discours qua pour la bonté de l'ouurage, ny d'aucune verité qui s'y rencontre. Il portoit pour tiltre, *Response à l'Apologie du Prince de Balzac*, où l'Autheur taschoit seulement de s'excuser du crime dont il s'estoit rendu complice par le passé dans le factum qu'il auoit fait de son Prince: car quoy qu'il tasche de dissimuler en cette response que ce n'est pas luy qui la cõposee, son inuention est neantmoins si grossiere, & sõ mauuais stile si aisé à cognoistre, qu'il ne faut auoir que bien peu de sens commun pour iuger tout le contraire. Et bien que les foux ayent quelquesfois de paisibles interualles, celuy-cy est agité si furieusement, & son esprit est tellement perdu, & sa raison subuertie, qu'il ne faut que lire ses escrits pour voir qu'il n'a aucuns moments raisonnables, & qu'il ne se sert de son ame que pour se confondre. C'est en la derniere page que paroist la verité de ce que i'aduance, & d'vne proposition qui n'est pas cõtrouersee. Voicy-cy comme il parle, & ce qui m'a donné subjet de croire que i'auois veu ses veritables defauts, bien que ie n'eusse pas l'honneur de le cognoistre, si toutesfois la cognoissance d'vn foux doit estre reputee honorable.

Ie veux donc qu'il m'ait de l'obligation de cette response, & que s'il veut continuer cette querelle longtemps, qu'il me troune vne bonne caution de sa suffisance, afin que ie ne trauaille point inutilement. Ce discours me semble vn peu trop imperieux pour vn hõme raisonnable, qui ne commande point qu'à des gens qui luy sont tenus & qu'il appelle ses valets. D'autrepart il se contredit, & me fait par là l'autheur d'vne querelle qu'il a iniustement commencee, c'est ne se souuenir pas de la temerité qu'il eust d'escrire le premier contre le Prince, & de trouuer des taches dans le Soleil, & dans vn des plus parfaits ouurages de la nature. Il me demande vne caution de ma suffisance, à ce mot là ie me suis vn peu pris à rire, quand ie l'ay leu, & ay iugé qu'il auoit laissé couler ses lignes sans y penser assez meurement. Les personnes soluables n'ont point de besoin de toutes ses formalitez de la iustice, & si luy mesme n'eust esté bien suffisant, comme il se iuge, il eust bien veu qu'il me rendoit ce que ie luy auois presté dans mon Apologie, & ne m'eust pas demandé de garend d'vne chose qui m'estoit deuë. Il n'eust pas non plus cherché de pretexte pour ne defendre plus sa mauuaise cause, ny n'eust esté si vain, ny si glorieux de se picquer quand on luy remonstre ses defauts. Mais pourquoy contre vn esprit mal sain, oppose-ie des raisons bonnes & valables? & puis que son discours nous a esté donné pour nous diuertir, seruons nous en suiuant l'intention de celuy qui nous la offert, & iouyssons paisiblement durant ce Carneual d'vn si plaisant entretien; aussi bien le mauuais temps ne nous permet il pas d'en aller chercher d'autres à l'Hostel de Bourgongne. Ie tascheray toutesfois suiuant ma coustume de l'instruire comme i'ay fait par le passé, & ne m'amuseray point aux iniures, dont il tasche [illegible] noircir puis qu'elles sont sans fondement [illegible] ce sont des paroles d'vn animal qui n'a [illegible] & la plume. Les honnestes gens ne [illegible] iamais de la fausseté, & ne se trouuent iamais faschés qu'quand on dit la verité à leur desaduantage. Le Pere qui confessoit dernierement vn frenetique ne se piqua point du soufflet qu'il en receust; & ceux qui seruent de [illegible] contre vn criminel, qui attend auec impatience l'Arrest de sa mort, & la seuerité du supplice qu'on luy prepare, ne se fasche point des obiections qu'on fait contre l'innocence de sa vie. Il sçait que le droict permet ces formalitez, & que les gens de bien ne seront iamais d'accord auec vn meschant hommme. Pour moy ie fais profession en cette replique, de faire du bien à ceux qui taschent de me nuire, & de ne publier que la verité que i'auray premierement auantageusement prouuee, & sans contredit. Et puis que l'Autheur du Discours s'est senty trop foible pour ne respondre, & qu'il n'a pas voulu charger sa conscience de nouueaux crimes, voyons quels gens il a imploré à son secours, & s'il n'est pas veritable ce qu'on dit, que tel Maistre, tel valet.

[illegible] arbitre des differents de l'Eloquence, & cet interessé dans le party d'autruy, (car pour faire plaisir à l'Autheur du Discours il faut luy conceder que ce n'est pas luy qui a fait cette response, ny mis au iour ceste nouuelle fourbe) ce [illegible] qui s'estime tellement iudicieux, qu'il croit que ses escrits doiuent estre la pierre de touche, où tout ce qui a esté fait sur le sujet dont est question, doit estre examiné comme deuant l'Oracle infaillible de la sagesse, n'est pas à mon aduis plus ingenieux que son maistre, & a eu tort de se laisser emporter à vn zele indiscret qui luy persuadoit, qu'il obligeroit fort son amy, si pour sa consideration il faisoit noircir du papier sous la presse d'vne imprimerie. Car auparauant que d'entreprendre vn ouurage ne faut-il pas mesurer ses forces, & voir si nous ne sommes point au dessous du sujet dont nous entreprenons la defense. Ie veux bien que l'affection suggere quelques passions honnestes, & que l'amitié nous oblige par ses deuoirs à suiure le party de nos amis quand nous les voyons en danger, & tascher de diuertir l'orage qui va tomber sur leur teste, & repousser la violence du mal qui les menasse: mais il ne faut pas pour cela nous escarter du deuoir que nous deuons à la raison, pour la cognoissance de nous mesme, & il vaut mieux paroistre froid amy en l'occurence des affaires dangereuses, dont le mauuais succez pourroit ruyner nostre reputation & faire tort à nostre estime, que d'estre trop violent, & que nostre chaleur degenerat en folie comme celle de nostre Partisan Grotesque. Il deuoit, pour n'estre pas blasmé des sages, comme il l'a esté, regler vn peu cette Logique naturelle qui nous met au rang des hommes, & ne la laisser pas tellement abrutir qu'on le prist pour vne beste. Il deuoit long temps considerer son trauail & l'affiner, pour me seruir de ses termes, comme l'Ours qui donne la forme à ses petits apres leur naissance à for-

ce

de ses lescher. Et certes si les loix du vieux temps estoient encores obseruees parmy nous, & que les bonnes coustumes ne fussent point abolies, il y eust sans doubte esté contraint suiuant cette vieille maxime, qui en pareil cas se pratiqua iadis à Lyon, où le vaincu estoit contraint de lescher tellement ses escrits, qu'il les rayast entierement, & rechantast par apres vne honteuse palinodie. Il deuoit premierement lire l'Apologie & l'entendre, mais peut-estre que i'en demande trop & qu'il ne sçait seulement pas lire. I'ay promis d'excuser ses defauts, comme le mesconte d'vn esprit mal sain qui est agité d'vne frenaisie incurable, & partant si ie ne suis pas si seuere qu'il merite, & que ie ne me venge pas de mes ennemis comme i'en ay la puissance, qu'on ne s'en prenne qu'à la bonté de mon naturel, qui ne peut souffrir qu'on trouble la tranquilité de mon esprit ny le repos de mon ame.

I'aduouë ingenuëment que ie ne deurois pas laisser passer sans rigueur les folies de ce broüillon qui s'est voulu faire cognoistre par le desordre : mais si nous ne luy pardonnons pas comme à vn Escriuain, pardonnons luy au moins comme à vn homme, & ayons pitié de sa vie, qui n'est maintenant plus raisonnable.

Il a eu de beaux desseins, ie le confesse, & si le seul desir de bien faire dans les hautes entreprises, quoy qu'on ne les execute pas, soit de soy-mesme recommandable, il merite pour le moins autant de loüanges que Dom Guichote, d'auoir resolu la conqueste de tout le monde. Il s'est creu assez puissant pour faire luy seul en vn mesme instant la guerre à deux autres. Mais qu'il prenne garde, Sanſon fut autresfois eſcraſé ſous vn moindre edifice. Sa force n'eſt point plus grande que celle d'vn cheueu, & il doit auoir crainte que les chaiſnes qu'il donne en la page 24. à noſtre Hercule Gaulois, & au vray poſſeſſeur de l'Eloquence, n'ayent vn effect plus violent, & ne ſoyent d'vne vertu plus energique. Le Ciel hayt l'audace, & les hommes la deteſtent. Icare & Phaëton n'ont iamais eſté plaints de perſonne, bien qu'ils fuſſent des innocens malheureux. On dit auſſi qu'il y euſt autresfois des montaignes en Sicile qui ſeruirent de teſmoins contre les deſſeins extrauagants des enfans de la terre. Elles ne ſont point encore eſteintes, & leur fumee aura peut-eſtre enteſté ce petit Geant. Elle aura animé le Vers-coquin de noſtre petit Poëte ſatyrique. Elle luy aura fait attaquer en deux feuilles de papier vn œuure de deux annees, & vn autre, lequel bien qu'il fut de moindre eſpace, & que ce ne fuſt à tout prendre qu'vn enfant de deux iours, luy a couſté neantmoins deux ſepmaines entieres, pendant leſquelles il a ſué ſang & eau, il a pris la migraine, a eſmeu ſa bile, & eſt venu fievreux & hypocondre, pour en biaiſer le ſens & en corrompre les paſſages.

Examinons donc, s'il vous plaiſt, le Dialogue de ce ſerieux Bruſcambille, il ſera au moins plaiſant, s'il ne peut eſtre veritable. Nous donnons bien aucunefois quelques heures de noſtre loiſir aux petites maiſons, le diuertiſſement que nous prendrons à ces propos interrompus ne nous dilatera pas moins la rate. Et à n'en point mentir auſſi crois-ie qu'il fait profeſſion d'eſtre plaisant. On m'a dit que Carmeline cherchoit quelqu'vn pour faire rire ceux qu'il amuse, s'il se trouue demain à la place aux veaux il le pourra iouër. Cependant voicy de pareils discours à ceux dont il entretiendra son assistance.

La rotondité de mon esprit, Messieurs, lequel est fecond autant que prodigieux en rencôtres, trouue estrange qu'on mette vn argument, inferio, *en la main d'vn Crochetem*, pag. 26. lig. 2. &c. *c'est pourquoy si ie ne preuiens de l'Autidote dans vn liure, ie pense que ie ne pourrois garentir ma raison d'estre blessée, & de souffrir quelque alteration dans ma ceruelle estropiee*, la mesme lig. 19. &c. *Car n'est-ce pas vne chose cruelle, c'est que la premiere pensee que ie conceus du liure que ie refute, voulut me persuader que le Cheualier des petites maisons en estoit l'Autheur*, la mesme lig. 11. &c. *Ha! honte de ce temps peruers, faut-il que l'attention d'esprit que ie donne à ces impertinences, y fasse vne telle impression de ses defauts*, la mesme lig. 26. &c. *moy qui conte fidelement tous les pas du temps & du Soleil, & qui apprends icy bas les mouuemens qui se font là haut, & qu'on ne peut voir. Moy, dis je, qui comme vn superlatif Mathematicien, ay inuenté ces grandes & prodigieuses machines qui semblent agir d'elles-mesmes, bien qu'elles n'ayent ny pieds ny bras, ha merueilles! & qui seruent à l'Architecte, & au Maçon*, pag. 33. lig. 21. &c. *Mais l'Apologiste qui croit que les Mathematiques ne s'estendent qu'à faire des Horoscopes, & des mauuaises propheties, les rebute toutes, sans considerer que nous leur deuons quasi tous les arts mechaniques*, la mesme lig. 17. &c. *il est vn traistre, car n'a-t'il pas dit des Poëtes que c'estoit vn genre d'hommes importuns & flatteurs, à quoy sont-ils propres dans vne Republique qu'à entre-*

uer les esprits & les corrompre, la mesme lig. 8. &c. *ne sont-ce pas là des raisons sans raison, & des paroles sans parole*, pag. 25. en la derniere lig. *Certes Messieurs, le tout bien consideré vous m'aduoüerez, que quand il n'y auroit iamais eu de bonnes lettres & de sciences au monde que nostre Apologiste n'en auroit esté ny pis, ny mieux*, pag. 30. & 31. en la derniere & premiere lig. des deux, *C'est pourquoy en passant vn de ces iours par le Cimetiere de SS. Innocents, ie m'amusois à regarder les images que les Merciers y affichent, car ie suis grandement curieux des beaux pourtraicts, comme vous pouuez iuger de ce que i'ay tout leu le Prince de Balzac, à cause que ie vis peinte sur le front de cet ouurage, la face de mon Prince*, pag. 4. lig. 13. &c. *Estant donc sur les tombeaux de nos Peres, ie remarquay sous l'image de ces Pantalons contrefaicts, que nous achептons pour mettre à nos chassis vn quatrain, à l'exemple duquel i'en ay dressé vn pareil contre nostre Apologiste. Le voila, Messieurs, le voila, le chef-d'œuure de ma Poësie & de cette science qui a appaisé des peuples irritez, fait gaigner des batailles, animé les hommes à la iuste defense de leur patrie, & mille autres merueilles qui ne se peuuent raconter, & qui a plus fait toute seule que tous les arts n'ont fait ensemble*, pag. 32. lig. 8. &c. *Oyez ie vous prie ce beau quatrain, que ie luy offre pour luy desopiler la ratte auec vne purgation d'Helebore, bien que ie ne sois pas Medecin, mais seulement Charlatan du Pont neuf*, pag. 38. lig. 12. &c.

Si l'on cognoist comme il a dit,
Le sens de l'homme à la parolle,
Sans doute il a la teste folle,
Ie le iuge par son escrit.

Voila de fort bons discours pour vn declamateur de la Samaritaine. Les honnestes gens & les sages m'excuseront si ie prophane ma plume à descrire les sottises extrauagantes de ce nouueau Tabarin, & si i'abuse de leur bonté à leur raconter les discours d'vn malade. Nous prenons quelquefois plaisir à voir vn foux en cholere, & au pis aller ce ne sont que des discours des iours Gras, & partant puis qu'il n'y a rien de serieux en tout cét ouurage, passons sur ces toiles d'araignees, & manions, s'il est possible de la bouë sans nous salir.

La conception de cét ouurage, qui porte pour tiltre le Prince, a esté si publique, pag. 3.

Qui est-ce qui a aydé Monsieur de Balzac à conceuoir son ouurage, & à trauailler apres son Prince, à fin que la conception en fust si publique? qu'est-ce que conception?

A fin de ne rendre point ma creance tout à fait esclaue des loix que nous veulent faire suiure de mauuais iuges, pag. 4.

Qui sont ces mauuais Iuges? peut-estre Monsieur le Cardinal de Richelieu, ou Monsieur le Cardinal de la Valette, ou Monsieur l'Euesque de Nantes, qui ayment Monsieur de Balzac si passionnement & qui estiment tant ses ouurages.

Il est vray que la face de mon Prince, que ie vis peinte sur le front de cét ouurage, me donna auec le respect vne premiere impression de sa bonté, pag. 4.

Quoy donc, n'auoit-il point eu aucune autre impression de la bonté du Roy, que lors qu'il vit son image grauee en la premiere page de Monsieur de Balzac? auoit-il si long temps demeuré en France, sans sçauoir le nom de sa Majesté, qui luy eust apris ce qu'il ignoroit. Est-il peintre ou imager pour aymer tant les peintures?

Ie ne m'estois donc proposé que de considerer son discours, &

de l'examiner selon mon sens, afin de me rendre d'vn party ou d'autre, & de declarer mon intention, quoy que l'Autheur aie voulu rendre inseparables les interests de sa Majesté, de ceux de son Eloquence, pag. 4.

Quel liure a composé nostre respondant, où il aye fait ce qu'il dit? voicy nostre homme pris en ses pieges. Car il n'a point encore couru de discours contre le Prince de Monsieur de Balzac, que celuy contre lequel i'ay escrit, qui n'a d'autre Autheur que celuy de cette responsе, côme il s'explique en ce lieu. Il faut luy pardonner cette Antithese & cette faute de iugemet qu'il fait par tout ailleurs, en se faisant passer pour vn autre, & s'appellant soy-mesme iudicieux & sçauant, & qu'il a fait vn discours à l'espreuue. S'il est bon Phylosophe, côme il dit, il nous expliquera côment c'est qu'vn mesme homme peut-estre distingué de soy-mesme, & peut estre en diuers lieux en mesme instant, comment il peut agir & n'agir pas, & faire imprimer vn liure & n'y penser point du tout. Il n'y a point icy de Roger qui combatte sous les armes de Leon, le stile & la pesanteur des pensees nous monstrent assez que l'Autheur du Discours est celuy de la responsе.

Ie n'ay point laissé passer auec cela les impertinences les plus notables de l'Apologie qui porte sa defense, laquelle en effect offense plus Balzac que le discours de son aduersaire, pag. 5.

C'est vn discours temeraire & vne sotte proposition, qu'il falloit prouuer, & puis en tirer la consequence. Car comment l'Apologiste auroit-il offensé celuy qu'il deffendoit contre ceux qui l'appelloient ignorant pag. 43. Pedant pag. 43. cruel pag. 10. ennemy de l'Estat, pag. 6. impie & criminel, qui dit des choses dont les oreilles des Catholiques en demeurent offensees, pag. 13. resueur profond & melancholique, pag. 9. qui n'a fait que des legeretez badines &c. pag. 36. D'autretrepart comment vn amy en offenseroit-il vn autre sans sujet, & lequel il promet de deffendre. C'est ainsi que l'Autheur de la response m'appelle, qui fait par apres vne si lourde contrarieté de me croire ennemy de celuy, dont il m'a declaré amy intime. Mais puis que les contrarietez, & les fautes de iugement font la plus grande partie de ce liure, mesprisons les donc desormais & empeschons que le populaire ne soit trompé par des paroles, c'est par là où le plus souuent on le deçoit. Pour les honnestes gens qui ne trouuerront que des choses mauuaises, si vous exceptez la comparaison qu'il fait de Patrocle qui combatit autresfois sous les armes d'Achile, & celle de l'Escu de Minerue, qui estoit tellement attaché à son image qu'on ne le pouuoit oster, sans la rompre, il n'est pas besoin de leur dire quelque chose d'vne piece qu'ils n'õt iamais trouuee bonne.

Le reste de la page 5. la 6. 7. 8. 9. 10. 11. & 12. iusques où il cõmence d'entreprendre l'Apologiste, n'est qu'vn pot pourry des œuures de Phylarque, du discours d'Aristarque à Nicandre, de l'Autheur du Tombeau de l'Orateur François, de celuy de la Comedie des Comedies, & de toute ceste trouppe fantasque de petits broüillons opiniastres.

Mais l'impatience que i'ay d'entendre discourir nostre Apologiste me fait quitter le Maistre pour le valet, pag. 12.

Comment est-il si impatient de vouloir entendre discourir vn hõme dont il ne trouue pas les discours à sa fantaisie ? s'il veut m'entendre paisiblement, qu'il quitte l'enseigne du tẽps perdu où il demeure, & bien que ie ne sois pas pedant comme il me qualifie, ie luy feray pour l'honneur de Dieu vne charitable leçon, & feray vne pieuse remonstrance. Le Caresme s'approche, & nous serons bien tost à Pasques, ie luy apprendray durant ce sainct temps de penitence, ce qu'il a fait durant celuy de ses desbauches, & ce qu'il doit dire à son confesseur touchant ses paroles oyseuses. Au reste qu'il sçache que Monsieur de Balzac me tient en autre qualité qu'il ne pense, & que puis qu'il n'est pas mon maistre, aussi ne me prend-il pas pour son valet. Mais il faut excuser, les Quinze-vingts ne voyent pas tousiours ce qu'ils touchent.

Ie ne doute point que si l'Apologiste est en aussi belle humeur d'escrire, comme il nous a promis, qu'il ne me mette aussi au nombre de ces bestes qui parlent Latin, pag. 13.

Il se trompe, ie ne l'estime pas si mauuais, ie le mets seulement au nombre des bestes qui parlent François.

Car qui iugara apres la lecture de cette Apologie, qu'il n'ait toutes les parties de cét animal (il entend parler d'vn Pedant) pag. 13.

Si Pedant est vn homme inepte, remply d'vne vaine opinion de science, qui s'admire tout seul, mesprise & blasme tous les autres, comme dit l'autheur du discours pag. 44. qu'a t'il trouué dans mon Apologie de semblable? il entend peut estre autre chose, par le mot de Pedant; car puis que les paroles ne signifient que ce qu'il nous plaist & que l'estenduë de leur puissance est bornee de l'intention de celuy qui s'explique, il s'imagine que cela luy soit permis. C'est toutesfois mal proceder, & parler comme si on ne vouloit pas se faire entendre. Cela est bon aux peuples de la Chine & du Iapon, qui s'expliquent le plus souuent auec des bastons & des fleches.

Il est vray qu'il n'est pas aussi en vn tel degré d'ignorance qu'il ne cognoisse bien que sa piece est de mauuais alloy, aussi s'excuse t'il sur le peu de temps qu'il a employé à la faire. p. 13.

Il est vray que i'ay cru que ce que ie faisois estoit grandement au dessous de mon sujet, mais pour l'espace de trois ou quatre iours qui fut le terme le plus long

que

que i'employay à cét ouurage, on ne pouuoit point trauailler plus dignement, ie creus neantmoins que ie deuois m'excuser d'auoir traitté la defence d'vn si sçauant homme & si eloquent, auec des pensées si peu meditées & des discours escrits à la haste. Ie ne m'en repends pourtant pas, puis que mes aduersaires n'ont trouué que des sottises à respondre.

S'il n'auoit dû penser qu'vn autre moins empesché, la pouuoit entreprendre. pag. 13.

Ie confesse qu'vn autre moins empesché pouuoit entreprendre cette defense, mais il me fascheoit qu'on ne l'eust point encore entreprise, & qu'on triomphast iniustement de l'innocence des absens, & qu'on calomniast la Iustice.

Mais il nous monstre là cette ardente demangeaison d'escrire qui luy a fait quitter vn œuure entrepris pour en faire vn autre à la haste. pag 14.

On se peut diuertir en plusieurs ouurages sans preiudice de ses premiers desseins ; & ie n'estimerois pas beaucoup vn Aduocat qui n'agiteroit iamais qu'vne mesme cause.

C'est vn tesmoignage de sa foiblesse (parlant de l'eloquence de Monsieur de Balzac) *qui fait voir qu'elle ne sçauroit se soustenir de soy-mesme, & qu'il luy faut donner vn manteau Royal pour la rendre belle.* pag. 14.

Les Roys donnent de l'esclat à tout ce qui les approche, leur nom est Majestueux & leurs valets sont des Princes, mais leur pourpre n'est point si esclattante, & l'or de leur Couronne & de leur Diademe n'a point des rayons si lumineux qu'ils ne reçoiuent de l'auantage de ceux de l'eloquence. Et quand Monsieur de Balzac se fust contenté d'auoir seulement escrit ses lettres sans auoir trauaillé à vn si diuin ouurage, bien qu'il n'eust point parlé des Princes, ny des puissances Souueraines, il eust tousiours neantmoins esté estimé le restaurateur du bien dire, & le reformateur de la fausse eloquence de nos peres.

Si à la verité il y auoit vn Edict qui obligeast tous les François à souffrir les defauts de cet escriuain sans murmure, &c. p. 14.

La matiere des Edicts n'est pas de cette sorte, mais il est vray que si l'authorité de Platon passa iadis chez les Grecs au dessus de leurs Loix, de leurs Edicts, & de leurs Ordonnances, que nous pouuons prendre pour vn Edict iuste & legitime, ce que ces grands Cardinaux & ces grandes lumieres de l'Eglise disent à l'aduantage d'vn autheur qui n'a d'ennemis que l'enuie, & d'admirateurs que les doctes.

Car ie pense qu'il a eu plustost dessein de defendre Balzac que de censurer le discours fait contre son liure, lequel est sans replique & à l'espreuue de toutes les mauuaises consequences qu'on en pourroit tirer contre luy, pag. 15.

I'ay eu dessein de faire l'vn & l'autre, & n'eusse peu escrire l'Apol. que i'ay faite sans refuter les resueries d'vn côteur de bagatelles, ny sans defendre le plus eloquent de tous les hommes. Si ce discours eust esté à l'espreuue comme il dit, on n'y eust pas tant trouué de fautes, que l'autheur feint d'approuuer par son silence, & desquelles son respondant le charge en ny respondât pas, & entreprenant vne defense qu'il ne sçauroit poursuiure. Il faut l'excuser, bien qu'il ne soit pas sçauant il a eu du zele, il a semblé les femmes qui parlent assez, mais qui n'executent iamais leurs menasses.

Estant vn discours libre ou l'autheur descrit sans passion les sentimens qu'il a eus sur son liure. pag. 15

Il n'y a point de discours qui ne soit affirmatif ou negatif, & bien que ce discours pernicieux explique seulement le sentiment de son autheur, il faut que ce sentiment soit affirmatif ou negatif, comme ie disois ou qu'il ne soit rien du tout. Ie sçay bien que ce n'est pas grande chose, mais c'est pourtant plus que rien. Et nostre respondant à tort de faire passer les discours de son Ministre pour celuy de quelque latin, ou de quelque malheureux fantosme, qui ressemble d'ordinaire aux anciens oracles, qui estoient comme ce Dieu à deux testes. C'est ne sçauoir pas bien conclurre & paroistre vn miserable Panegyriste dans vne matiere qui se soustient d'elle mesme, & qu'il ne deuoit que citer pour faire vn œuure meilleur que le sien, bien qu'ils ne vaillent rien ny l'vn ny l'autre.

Ie renuoye le Lecteur, s'il luy plaist, à la page 8. de son Apologie & aux suiuantes, sans employer d'autre artifice pour iuger cet autheur impertinent. pag. 15.

L'artifice dont il se sert n'est pas grand, & ne croy pas mesme que cela se puisse appeller vn artifice. Ie le puis faire de quelque œuure que ce soit, & quand ie dirois que S. Augustin n'est pas sçauant, pour le prouuer suffiroit-il pas de citer son liure, & de me seruir de cette nouuelle façon de refuter. Il a bien veu que l'Apologie qui luy fait tant de mal, estoit veritablement à l'espreuue de la calomnie des sophistes. Il a veu que les raisons y estoient fortes, bien qu'elles ne fussent pas trauaillees. Aussi en vne matiere assez commune, & qu'on apprent aux enfans en leur enseignant le Catechisme & les principes de la foy, il n'estoit pas necessaire de se tuer le corps & l'ame pour trouuer vn bon mot & vne riche pensee. Le champ estoit assez fertile, & il ne falloit qu'estre Chrestien, pour estre eloquent en cette matiere. Il a veu la Doctrine des Peres qu'il mesprisoit prise en sa source & expliquee selon le sentiment commun de l'Eglise, selon la verité de l'Escriture saincte, l'authorité des Conciles, le consentement des peuples, l'approbation des sages & de la raison, qui ne pouuoit estre que corrompue en estant autrement expliquee. Il a veu que l'Autheur s'escrimoit bien de ses armes, qu'il ne ressemble pas à ces statues de bronze ou de marbre, qui representoit la Iustice [illegible] tient vne espée nuë dans le cabinet des Roys [illegible] vain esclat de parade, & qui ne s'en peut seruir [illegible] qu'elle n'a point de mouuement qui la fasse agir [illegible] ressorts qui le manient. Il a veu qu'il n'[illegible] point vn ouurage duquel il n'eust premierement [illegible] consideré l'estendue & la force. Il a veu que ce [illegible] point au langage qu'il s'attachoit : mais aux [illegible] qui estoient toutes diuines, tant pour la dignité de la matiere qui les fournissoit, qu'à cause de l'abondance de l'esprit qui les auoit conceuës & meditées. C[illegible] qu'il a fait venir aux iniures, & non pas à disputer [illegible] raison. Il a creu qu'il deuoit faire comme Marc Antoine, se mocquer de ceux qui l'appelloient au combat & ne respondre que par des menasses qu'il [illegible] executer qu'à sa honte, & à la confusion de ses desseins & de son entreprise. C'est ce qui a par apres refroidy vn peu son zele & alenty le feu & la flamme de ceste passiõ turbulente qui l'auoit fait sauter à bons & à gambades comme vn cheual sans frein & sans retenue, par tout indifferemment, sans auoir d'autre dessein que de monstrer qu'il sçauoit faire vne [illegible]io-de, & qu'il estoit vne de ses bestes qui parlent.

S'il paye desormais les Lecteurs de pareilles [illegible]ses, ils se souuiendront, s'il leur plaist, de ce qu'[illegible] viens de dire, & liront dans mon Apolog. vn au[illegible] & vne autre force de raisõ que celle qu'il nous d[illegible] que nous ne receuons que pour le vaincre.

Il l'accuse de commencer sans preparation, pag. [illegible]

Est-ce cela vn bon exorde, du plus [illegible] qu'on sçauroit s'imaginer de dire qu'il n'est poi[illegible] trement meslé dans les discours ny dans les affai[illegible] monde, & que neantmoins il se messe à corrige[illegible] ures du monde, qui ne le touchent qu'autant [illegible] louent le Roy, & qu'ils declament contre l'ambition d'Espagne, & de la maison d'Austriche, dont il se tesmoigne plus passioné que de la victoire de son maistre, de la puissance de ses armes, de l'innocence de sa vie, de la grandeur de son courage, de la prudence de son Conseil, & de toute cette belle chaisne de vertu qui fera vn iour la plus belle partie de nostre Histoire, qu'il tasche de noircir de ses crimes pour estre les siecles à venir dans la memoire des hommes, bien que ce soit en la mauuaise. Mais comme celuy qui ayant bruslé le Temple de la Diane d'Ephese, ne fut pas par apres estimé comme hardy, non pas mesme auoir esté au monde, ainsi ce criminel de l'vne & de l'autre iustice ne doit point attendre que son abominable memoire passe au delà des ans, & se fasse maudire d'vn autre peuple que le nostre, qui le regarde desia comme l'ennemy public, & le deteste comme le mauuais Genie de la France, & le partisan de ses malices.

Il luy met sus mille crimes ausquels il n'a iamais pensé, p.16.

De quels crimes l'ay-ie rendu complice, que ie ne l'aye prouué suffisamment, & trop peut-estre, c'est ce qui le picque, & qui le fait tenir caché comme ceux desquels on tasche d'obtenir la grace.

Et puis sortant de luy-mesme, pag. 16.

Qu'il me die vn peu pour où aller, & où son esprit m'a conduit pour ne me trouuer pas où il m'auoit pris.

Cõme si les Religieux mesmes, qui se disent hors du monde, n'auoiẽt pas desia cõbatu Balzac des pierres de leur solitude, p.16.

Quelle estrange metaphore, battre vn homme auec les pierres de la solitude, pour dire escrire contre luy. Ce discours est fad, & monstre que son autheur n'a pas receu vn grain de sel à son Baptesme. Au reste il s'escrime mal d'vne bonne pensee, & ne sçauroit faire ce qu'il veut. Il est habile, mais c'est à se tromper, & s'il est fecond, ou pour vser de ses termes, si la rotondité de son esprit est prodigieuse, c'est à n'entendre pas ce qu'il veut dire. Et si l'Imprimeur eust aussi escrit & varié l'ancre dõt il a imprimé sõ œuure, come on auoit accoustumé de faire dãs les vieilles rubriques du Code ou du Digeste, où en ces vieux liures imprimez à la Gothique, qu'il change de sens & se confond, son liure, aussi bien que son esprit eussent esté tous deux habillez en Suisse. Il s'explique mal: car voila ce qu'il vouloit dire. Les Religieux mesmes qui ne sont point autrement meslez dans les discours ny dans les affaires du monde, n'ont-ils pas escrit contre Balzac, & partãt l'autheur de l'Apologie à tort de faire l'ignorant, & de courir incontinent à sa Philosophie pour esplucher les genres, les especes, &c. pour sçauoir ce que vouloit dire l'autheur du discours, quand il a parlé de soy en ces termes, i'auois cy-deuant ouy dire (car ie ne suis point autremēt meslé dans les discours, &c.) Il est bien vray que les Religieux estoiēt autrefois si retirez dãs la solitude, & le silence, que ce discours & vn autre qui eust encore esté plus significatif de la chose, & eust mieux expliqué l'austerité de la vie contemplatiue, se fust peu appliquer à ce propos. Mais bien qu'il eust vne espee nue en la main, il la casse pour se defendre, il ressemble à ce Coq de la fable qui auoit trouué le diamant, mais qui n'en sçauoit pas la valeur ny l'vsage. Car s'il eust seulement demeuré en la precision du mot des Religieux, il y en auoit encore dans la confusion du siecle & parmy le desordre du temps, bien que fort peu, qui eussent peu authoriser ce qu'il auoit escrit. Mais quand il vient à dire qu'il entend cela de ceux qui ont escrit contre Monsieur de Balzac, Dieu immortel, de combien se trompe-t'il? est-ce cela viure dans la solitude & le silence, est-ce cela mener la vie des Anachoretes, de viure comme a vescu Phylarque? Quand la necessité les a contraints, de quitter les deserts, & de se mettre au champ pour la defense de leur Maistre, ont-ils demeuré des iournees entieres dans le cabaret pour dicter des lettres & descouurir les secrets du Mercure botté, & pour discourir de la tyrannie des Serains? Portoient-ils Petrone auec eux, ou s'ils auoient seulement vn Breuiaire & des Heures ? Quand ils haranguoient publiquement deuant cét animal sans raison, & ce Monstre à cent testes? Quand ils Catechisoient les vns & exhortoient les autres? Quand ils apprenoiẽt la vertu à ceux-cy, & qu'ils taschoient à detrõper ceux là & les destourner du vice, où ils couroient à bride abatuë, se pleignoient-ils de leur peine, & disoient-ils que ce fust du mal de souffrir pour l'amour de Iesus Christ ? Se vantoient-ils indifferemment de tout ce qu'ils faisoient ? Disoient-ils qu'ils escriuoient des lettres en quatre ou cinq langues, & que leurs diuertissemens estoient des martyres, & que la fievre qui les tourmentoit, où la colique estoit plus cruelle que les peines des Démons qui sont infinies ? Sortoient-ils de leurs Cloistres, ou de leurs grandes allees, qui n'estoiẽt bornees que de l'estenduë d'vne vaste cãpagne, où des montagnes à perte de veuë, pour aller apprendre les bõs mots & les affetteries d'vne Courtisane, & à discourir à la mode? Tels estoient à peu pres ceux qu'on nous veut faire passer pour solitaires, & qui n'estoient point autrement meslez dans les discours ny dans les affaires du monde. Si nostre homme n'a point d'autres exemples que de ceux-cy, il peut bien chercher qui l'ayde.

Le reste des pages 16. 17. 18. & 19. est tout a fait impertinent, ie ne conseilleray point comme il fait qu'on les lise, ie serois vn preuaricateur du conseil & de la prudence, de les faire seruir à persuader de perdre le tẽps à des sottises. On remarquera seulemẽt vne faute de son mauuais iugemẽt que i'ay creu deuoir estre examinée.

Outre que ie n'ay pas entrepris de rechercher icy toutes les mauuaises suites & contradictions de son discours. Et vn peu apres il adiouste, *ie diray seulemēt en general de tout l'œuure.* Et plus bas, *mais laissons le tout pour venir aux parties.* p. 19.

Comment vn homme qui n'eust pas entrepris de rechercher toutes les fautes d'vn autre, eust-il voulu examiner son discours en general, comme il fait, & selon toutes ses parties?

Ie ne puis me persuader que ce soit vn amy de Balzac, qui aye entrepris cette Apologie, pag. 19.

Voilà ce qu'il dit, voicy où il se dedit.

En luy laissant ce petit mot d'aduis, que puis qu'il est si bon amy de Balzac. pag. 38.

L'Apologiste pour rēdre cette verité criminelle a changé ce mot d'hōme, & a mis en sa place, vostre Prince le plus parfait. p. 20.

De quel homme entendoit-il parler que de sa Majesté? le liure est assez commun, & vous l'aurez maintenant pour moins d'vne aumosne si la curiosité vous porte d'en lire le passage dans la 14. page, où il dit des discours qui meritent vne punition plus seuere que les meurtres & les massacres. Ie n'ay donc rien changé, mais seulement expliqué sa mauuaise pensee.

Tout ce qui suit de la page 20. & 21. ne sont rien que des suppositions sans preuue, & les caiolleries d'vn hōme qui voudroit bien qu'on luy donnast ses debtes à son serment.

Ie prie donc le lecteur de considerer qu'il a dessein de prouuer que ce n'est point vn recueil de matieres vniuerselles. pag. 22.

Il se trompe, & ne m'entend pas, ou corrompt mon passage. I'ay eu seulement dessein de faire voir pourquoy l'autheur du discours a eu cette creance, & ay monstré comment il s'estoit trompé. Ie n'auois garde de disputer ce qu'il dit, ny de tascher d'esclaircir vne verité que personne n'auoit niee. C'eust esté allumer les flambeaux en plain midy, & estre courtois iusques à se desobliger soy-mesme.

Or ie vous prie froncez le sourcil, & meditez tant qu'il vous plaira plaine là dessus. pag. 23.

Voicy vne estrange façon de parler, i'auois bien leu dās vn Satyrique pour trouuer leurs cōceptions qu'il y auoit des gens qui se mengeoient toutes les ongles & se mordoient les levres, mais ie n'auois point encore appris qu'on froncast le sourcil, ny qu'on fit la mouë.

Qui voudra lire vne digression extrauagante & hors de propos, lise le reste de la page 23. & la 24.

Il veut faire croire que c'est vne allusiō à la guerre d'Espag. p. 25.

Si le droit permet de se seruir quelquesfois des coniectures pour sçauoir la verité, pourquoy tant de circonstances que nous auons deduites en nostre Apol. p. 25. que crainte d'estre ennuyeux en vne chose importante nous ne voulons pas repeter, ne nous feront elles dire ce que nous voyons de nos yeux, & que nous touchons auec le doigt.

Mais il suffit à vn bon François d'estre fidelle à son Prince en toutes les occasions. pag. 25.

Il ne suffit pas seulemēt d'estre fidele, mais il le faut faire paroistre. Cela sert beaucoup pour nostre satisfactiō de n'auoir point de remords de nostre conscience touchāt les deuoirs de nostre fidelité, mais il faut tousiours entretenir ce beau dessein, auec son estime, qui ne se peut perdre qu'auec nostre vie. Quelqu'vn disoit que le Sage a ses sentimens particuliers, mais qu'il donne au peuple ses grimaces.

De seruir l'Estat contre qui que ce soit. pag. 25.

Cette proposition est trop generale, & elle n'estoit bone qu'aux Courtisans de Moley Abdelmelec dernier Empereur de Marroque, qui se disoit le Dieu de la terre, comme Dieu estoit l'Empereur du Ciel. La forme de parler des anciens estoit bonne, qui ne passoient pas les autels en leur obeyssance. Cette proposition sent l'atheisme, l'impieté, le manquement de foy, & le defaut de cœur d'vn homme qui ne souffriroit pas la persecution, ny le martyre s'il estoit du temps de Diocletian.

Quand nous n'aurions d'obligations à l'Espagne, que d'auoir donné vne femme au plus sainct de nos Rois, & vne vertueuse compagne au plus iuste, ce seroit assez pour diminuer du mal qu'elle nous a fait, & qu'elle nous desire. pag. 25.

Ces considerations sont fortes ie l'aduouë, & la vertu de nostre bonne Reyne m'obligeroit à en dire d'auantage; l'interest neantmoins du public est considerable, & elle est si saincte & si raisonnable, que ie croy, qu'elle prefera tousiours plustost de conseruer la vie à ses subiets, que de fauoriser à l'ambition de son pays. Elle ayme tellement la vertu, qu'elle auroit en haine sa propre patrie si elle lui faisoit la guerre, & qu'elle ne fut pas de sõ party. Que ne peut-on pas aussi apprẽdre aupres de Louys le Iuste? Quels mouuements peut-on auoir qui ne soient vertueux deuãt vne face qui ne respire que la pieté, & dont la modestie estouffe les mauuais desseins dãs l'ame des plus iniustes quand ils cõmencent à se former & à s'espandre dans leur ame.

Continuons donc, puis que nous auons vn si bon preseruatif, & nous iettons dans le peril auec plus de courage, pag. 26.

Voila vne faute de iugement. Car puis qu'il mesprise si fort l'Apologiste, pourquoy croit-il qu'il y aye du danger à l'attaquer & à le combattre? Ce discours est froid, & n'est pas à propos non plus que celuy de toute la page, ou il ne fait que vomir des iniures qui nous fõt voir qu'il a esté aux halles apprendre sa rethorique.

Ie voudrois bien demander à ce reformateur s'il nous est plus cogneu que l'autre, pag. 27.

Ie voudrois bien demander moy-mesme à cét esprit emoussé si vn homme qui met son nom & qui signe vne lettre, n'est pas plus cogneu qu'vn homme qui fait profession de se cacher, & qui ne demeure que dans des caues? Il m'objectera que i'ay seulement escrit des hieroglifes: mais qu'importe, pourueu qu'on m'entende ce que s'il ne les entend pas, qu'il ne s'en prenne point aux choses qui sont assez significatiues & bonnes, mais à son ignorance & aux mauuaises qualitez de son esprit que les plus sages ne luy sçauroient reformer qu'en le faisant refondre.

Pour qu'il accuse Balzac iniustement, qui est vne chose indefinie, & qu'il ne peut prouuer.

Si ie prouue que la pensee de Mr. de Balzac a deu estre problematique sur le sujet dont est question en ce passage, & que ie l'aye prouué contre l'Autheur du discours, n'ay-ie pas fait voir qu'il l'a iniustement accusé, puis que c'estoit là le fondement de sa calomnie? L'Apologie qui se trouuera sans doute chez l'Imprimeur, comme dit nostre interessé, fera foy de ce que ie dis, & le conuaincra de fausseté, de mensonge, d'impieté, de sotise, & d'ignorance; c'est en la p. 33. iusques à la 39. qui finit cõme merite l'Autheur d'vne si belle dispute.

Ie laisse ce long discours que nostre Apologiste fait pour defendre Balzac, sur ce qui touche les confessions du Roy, pag. 29.

Il a bien veu son mauuais droict, & n'a pas voulu s'auanturer à defendre vne si mauuaise cause, & a laissé celuy qu'il defendoit au milieu des flots, bien qu'il eust promis de le conduire au riuage, & de luy faire part des despoüilles ennemies. Il est en nostre puissance d'auoir de bons desseins & de faire des hautes entreprises, mais nous ne pouuons pas regler la fortune & la rendre bonne si elle veut estre mauuaise. Le dessein gouuerne vne partie de nostre vie, & nostre volonté ne veut que ce qu'il arreste. Il luy demande bien congé, mais c'est cõme le maistre à sa seruante, ou le mary à sa fẽme, il l'obligera en luy parlant courtoisement, mais il la forcera si elle fait resistence, & qu'elle luy soit contraire. Il n'a point examiné ce discours pour le refuter pource qu'il l'a veu inesbranlable, estably sur la doctrine des Peres, & le consentement de l'Eglise, où vous remarquerez en passant que de toutes les questions serieuses qui estoient dãs l'Apologie, il n'en a encore refuté aucune, mesme il ne l'a pas entrepris. On auroit beau estre temeraire quand on se defie de ses forces, & qu'on craint le choq & la ruyne, on ne sçauroit s'exposer au peril, ny disputer vne victoire dangereuse. Vous remarquerez aussi les plaisantes figures de ce puissant Orateur, qui ne trouuant pas dequoy reprendre, trouue pourtant dequoy respõdre, & nous paye d'vne telle trãsition. *Ie laisse donc esgayer nostre Apologiste, & se flater de mauuaises raisons.*

Balzac veut estre iniuste iusques à ce poinct là, que d'admettre seulement au nombre des beaux Arts cette vaine eloquence qu'il pense auoir acquise, pag. 30.

La question est digne de remarque, sçauoir si Mr. de B. condamne toutes les sciences & admet seulement l'eloquence, qu'on croira vn iour qu'il a eu quelque interest de deffendre, ce sont les termes qu'on luy reproche. Voyons vn peu son discours, puis que de là depend ce que i'en ay dit, & que c'est là ma fontaine & ma source.

Et à la verité si le bon sens & la simple raison d'vn homme, sont extremement à estimer, ie ne voy pas pourquoy on mesprisera la science, qui est comme le sens recueilly d'vne infinité de testes, & la raison commune de plusieurs sages, pa. 151. sect. 138.

Est-ce mespriser la science, & les bonnes lettres? Est-ce là estre Pedant, resueur, & Melancholique? Voicy comme il distingue ce qu'il auoit aduancé.

Mais aussi bien qu'ailleurs, il est besoin de distinguer & de faire diference de science. Ie n'ay garde de blasmer les bonnes lettres : ie soustiens seulement qu'il y en a de mauuaises, qui ne sont que de vains amusemens de l'esprit, des songes & des visions de gens qui veillent, des trauaux qui n'aboutissent à rien, & n'apportent ny force ny embellissement à la patrie, p. 152. sect. 139.

Qu'à l'enuie à dire à present cõtre cette opinion, authorisera-t'elle ceux qui courent toute leur vie apres la quadrature du cercle, & le mouuement perpetuel? Ces debauchez qu'on appelle les Poëtes luy seront-ils en recommandation, i'entends ces mauuais Poëtes ou versificateurs, faiseurs de Pasquils & de Lenturlu, ces hapelopins de cuisine, ces ames brauaches & mercenaires, courages lasches, seruiles, & effeminez, qui appellẽt le vice du nõ de la Vertu, & qui flattent pour estre payez, ces faiseurs de fausse monoye, qui marquent tout d'vn faux coing & d'vne mauuaise marque. Ces faux Prophetes, qui tuent le monde sans blesser, & qui l'assassinent de leurs paroles, auront-ils quelque credit sur son ame? ces diseurs de bõne fortune, ces speculatifs chimeriques, ces Endimions qui embrassent la Lune & la suiuent, seront-ils chez elle en credit? Loüera-t'elle tout ce monde d'esprits ambigus, & ces testes de citroüille, qu'on appelle vulgairemẽt les Pedans, & les grate-culs de l'enfance? si elle est de cét aduis, il me suffit de ne la suiure pas, & de garantir ma raison du naufrage. Si cét audacieux Caton qui nous reprend de les auoir toutes blasmees sans restriction m'eust entendu, il n'eust peut-estre pas tenu ce langage au prejudice de la verité & de sa propre conscience. Mon discours est assez clair pour estre expliqué sans interprete, il est delicat & ne peut souffrir qu'on luy touche pour le conduire, il veut aller seul, car il sçait bien qu'on le veut perdre en cõpagnie, & qu'on tasche de le corrõpre, cõme on voit dans les pag. 30. 31 iusques à la 34. de la respõse à l'Apologie.

Henry le Grand d'heureuse memoire n'est pas exempt de cette calomnie, pag. 35.

Ie n'ay iamais voulu blasmer la memoire d'Henry le Grand, non plus que celle des autres Princes dont i'ay parlé dans mon ouurage, ie sçay fort bien combien elle a tousiours esté glorieuse, & quel lustre elle a eu chez les estrangers. Aussi ne pense-ie pas qu'vn homme de bons sens m'explique de la sorte, & qu'à moins de se faire estimer vn mauuais Prophete, il puisse den-ner cela de mes paroles. I'ay bien dit qu'en comparaison des actions de Louys le Iuste, tousiours inuincible, tousiours victorieux, celle des autres Roys ces ancestres perdoient leur esclat, & s'esuanoüissoient comme les estoilles & les autres moindres Astres à l'approche du Soleil, & ie ne pense pas auoir dit de calomnie en ne disant que la verité, & ne publiant que les choses que nous auons veuës. D'ailleurs c'est vne figure de l'art & de laquelle tous les Orateurs se sont seruis iusques à present. Mais pourquoy responds-ie à vn foux pendant l'excez de sa folie.

En traittant par apres vn suiet bien delicat, l'Apologiste fait de lourdes fautes, pag. 55.

Il raisonne à sa coustume, il suppose seulement & infere ce qu'il luy plaist. Car où sont ces lourdes fautes, qu'il les cite?

La force qu'il veut faire sous ce mot de frere, luy a fait escrire en lettres capitales. pag. 55.

Ie ne force rien, le sens est clair quoy que le temps soit fort trouble, l'autheur m'entend bien & non pas le respondant que cela ne touche qu'à la superficie. Il est bien difficile de passer au trauers des flammes sans se brusler, ie m'arreste, en courant.

Quād à ce qu'aduāce B. qu'il est permis de faire mourir les suspects: ie m'estōne cōme il ose faire vne propositiō si hardie. p. 56.

Si le Roy est maistre de la vie de ses subiets, comme il l'est sans doute, & que sās autre formalités il [illegible] peut faire aller à la mort & souffrir le supplice, pourquoy n'aura-t'il pas autant de pouuoir sur vn homme qu'il croit suspect d'auoir attenté contre luy, & qui est desia criminel de la pensee. En cét endroit là Mr. de Balzac ne conseille pas aux Roys de se seruir de cette maxime, comme à voulu l'autheur du discours, il dit seulement que cela est permis. La proposition est hardie, mais elle [illegible]able, & ceux qui considerent le public comme vne chose saincte, & qui en respectent le chef comme la partie la plus sacrée, trouuent que leur raisonnement est d'accord auec le droict des gens & celuy de la nature. Si nostre respodant se pique d'estre politique, & qu'il cherche des raisons pour authoriser cette maxime, ie m'offre à luy en fournir de meilleures, qu'il n'employeroit à prouuer le contraire.

L'Apologiste qui veut passer pour homme d'Estat, aussi bien que pour sçauant dans l'histoire Grecque & Romaine, nous rapporte de l'vne & de l'autre sur des exemples sur ce suiet. pag. 36.

A dieu ne plaise que i'aye ce dessein, la teste de Symmachus me fait encore peur, i'en lisois dernierement l'histoire & de ce Chancelier d'Angleterre.

Ces deux premiers exemples sont-ils d'hommes suspects, puis qu'ils sont accusez & conuaincus d'vn meurtre cōmis? Et le dernier a t'il seulement la moindre relation à nostre suiet. pag. 37.

Il n'est pas besoin que ces exemples soient d'hommes suspects, mais de voir si apres auoir commis vn meurtre, pour lequel ils meritoient la mort, on ne leur a pas remis en consideration du dessein qu'ils auoient eu de seruir la patrie, & d'obliger le public. Car mon raisonnement est tel, & il est ainsi exposé dans mon Apologie. Pourquoy blasmera-t'on le Roy s'il punit les suspects par bannissement ou par mort, puis qu'il fait cela pour la consideration de la personne, qui est veritablement cét Escu de Mineruè, auquel on ne peut toucher que toute la masse, du corps vniuersel de la France ne s'en ressente & n'en gemisse. Et s'il est vray cōme l'histoire nous le dit qu'il y a eu des gēs lesquels bien qu'ils fussent dignes de mort à cause du meurtre qu'ils venoient de faire, & du massacre qu'ils auoient commis, a qui on a pourtant pardonné en consideration du public; n'aurons nous pas meilleure raison d'authoriser cette maxime en celuy, qui outre le droict de la vie & de la mort, peut encore pour cer-

te seule consideration auoir des raisons valables & legi-
times. C'est à ce propos que i'ay apporté ces exemples
que ie confirmerois par de nouueaux s'il n'estoit temps
de finir, & que ie ne fusse des-ja las d'escrire.

I'ay donc repliqué à tout ce qu'aduançoit ce troisies-
me interessé dans la cause des Pedents & des Maistres
d'Escole. Il suffit, & ie ne veux l'aduertir d'autre chose, si-
non que ie le prie de me laisser en paix d'oresnauāt, comme il m'a promis en sa 38. page, & me laisser iouyr du
temps où Dieu nous monstra l'exemple de fuir dans les
deserts & abandonner le remuement des villes, & se sau-
uer durant quelque temps de leurs intrigues & de leurs
fourbes. Ce n'est pas que ie pleigne beaucoup la peine
d'vne iournée, que i'ay employé a dicter ces lignes, mais
c'est que ie crains que ie n'émeuue la bile à nos partisās,
& que ie ne les prouoque à dire des paroles oyseuses, & à
leur faire des matieres de confession, quand ils estallerōt
leurs mauuaises raisons, & qu'ils voudront se mesler
d'vne chose qui ne les touche, & qu'ils ne sçauroient
comprendre. Pour vn tesmoignage tres-certain de ma
foy, & de la verité que i'aduance qu'on se souuienne du
iour que cette response fust criee, qui fut le premier & le
dernier que ie donnay à la composition de sa replique.
Ie pourrois finir n'ayant plus rien qui m'en empesche,
mais ie me souuiēs qu'il m'a donné des vers, & qu'il faut
que ie les luy rende, & que ie l'aduertisse vn peu de ce
dont ie le prie de se souuenir.

Qui legit, intelligat. Math. 24. Mart. 13.

Iugement de l'Autheur de la response.

Si l'on cognoist comme ie dis,
Le sens de l'homme à son langage,
Il semble vn Perroquet en cage
Qui n'entend pas ce que i'e[illegible]

F I N.

www.ingramcontent.com/pod-product-compliance
Lightning Source LLC
Chambersburg PA
CBHW060807280326
41934CB00010B/2596